SIEGHARD LIEBE

ANSPRÜCHE EINES DDR-JAHRZEHNTS

SIEGHARD LIEBE

ANSPRÜCHE EINES DDR-JAHRZEHNTS
— Fotografien im Widerspruch zum Losungsalltag

Mit einem Geleitwort von Dr. FRIEDRICH SCHORLEMMER
und Texten von Prof. Dr. BERND LINDNER und Dr. PETER GUTH †

Centaurus Verlag
Herbolzheim 2014

Umschlagabbildung vorne: Freiberg – Juni 1986, hinten: Lohme – Juli 1981, Seite 2: Leipzig – 13. November 1989

Bibliografische Informationen der Deutschen Nationalbibliothek
Die Deutsche Nationalbibliothek verzeichnet diese Publikation in der Deutschen Nationalbibliografie;
detaillierte bibliografische Daten sind im Internet über http://dnb.d-nb.de abrufbar.

© CENTAURUS Verlag & Media UG (haftungsbeschränkt), Herbolzheim 2014
www.centaurus-verlag.de

Layout und Satz: Grafik-Design Dr. Thomas Glöß, Leipzig

ISBN 978-3-86226-069-0

INHALTSVERZEICHNIS

GELEITWORT

Friedrich Schorlemmer

Macht geistlos – Geist machtlos

Der Arbeiter- und Mauernstaat DDR bleibt in Erinnerung als ein Parolenstaat vor verfallenden Häusern mit billigen Mieten, mit »Neues Deutschland« und Broiler, Stasi und Kati, Arbeit für alle und Kontrolle über alles. Die von der selbsternannten führenden Kraft ausgegebene Losungsmanie ist an Lächerlichkeit nicht zu überbieten. Nichts zum Lachen, alles zum Kopfschütteln. Wer hatte sich das alles bloß ausgedacht? Das ZK der SED als Zentralorgan zur Zerrüttung der emanzipatorischen Idee »Sozialismus«. So spröde, so leblos, so geistlos. Mit Propagandasprüchen der SED an verkommenen Häusern existierte dieser deutsche Teilstaat als »einzig rechtmäßiger deutscher Staat« von 1949 bis 1989 – mit Protest-Parolen des Volkes wurde er auf den Straßen des Oktober 1989 verabschiedet.

Plötzlich so viel politischer Witz, so viel sprachlicher Scharfsinn, endlich ausgesprochene Wut, zaghaft markierte Hoffnung, deutlich erhobene Forderung. Die erste gelungene Revolution in Deutschland, gewaltiggewaltlos Demokratie erringend, friedlich mündend in die Einheit.

Statt des unpersönlich Vorgestanzten in 40 Jahren im Herbst '89 das Selbstgedachte. Statt des offiziell Angehängten, Aufgestellten, Ausgestellten das persönlich auf Straßen und Plätze Getragene. Die Autorschaft der angenagelten, aufgehängten oder hingestellten Losungen blieb anonym; die Träger der selbstgefertigten Transparente zeigten ihr Gesicht. Erstere wurden von den Staatsorganen beauftragt, letztere handelten in eigenem Auftrag und anfangs ganz auf eigene Kappe.

Sieghard Liebe hat den aufmerksamen Blick des fotografischen Chronisten: Er dokumentiert das Alltägliche, von den meisten Übersehene, weil praktisch so Bedeutungslose als ob er geahnt hätte, daß das Blatt sich in absehbarer Zeit bald einmal wenden würde und Erinnerung Schwarz auf Weiß – tatsächlich Grau in Grau – nötig würde, festhaltend, wie es war!

Vergesst nicht. Vergesst nichts. Vergesst euch nicht. Vergesst nicht, was hinter und was vor euch liegt.

Das Bilder-Buch wird zum Dialog zweier Epochen: Jener bleiernen Zeit der – aufs Ganze gesehen – vergeblichen Indoktrination und der so lebendigen Zeit des unerwartet gewaltfreien demokratischen Aufbruchs. Die Mecklenburger beteuerten vor der Leuchtschrift des »Neuen Deutschland« der ganzen Nation gegenüber am 23. 10. 89: Auch »Mecklenburg schläft nicht«. Geradezu symbolisch die Leuchtschrift am Blumenhaus, in dem es bald wieder wirklich Blumen geben würde!

Die staatlich verordneten, von der DEWAG gefertigten Losungen und Parolen halten die festgefahrene Geschichte fest, die offizieller Anfang einer wirklich menschlichen Geschichte zu sein vorgab. So viel Steifheit, so viel angestrengte Selbstbestätigung, so viel Kümmerlichkeit, so viel Verzicht auf jeglichen intellektuellen Anspruch!

Und dann, als habe das Volk darauf gewartet mündig zu werden: Vor offenen Mikrofonen sprechen, das Gedachte konzentriert zur Sprache bringend! Politische Wachheit, politisches Erwachsensein, kluge Besonnenheit auf Anhieb.

Mit Losungen sollte die DDR stabilisiert werden. Mit Transparenten wurde sie zu Grabe getragen. Die Mehrheit hatte es satt gehabt, ohne Alternative zu leben. Zu Beginn wurden die frechen und widersprechenden Sprüche noch auf eigenes Risiko getragen, als ihre Träger auf den Straßen der friedlichen Revolution von Kap Arkona bis Suhl noch nicht von der schützenden Masse umgeben waren.

Glücklicherweise gab es in der DDR auch ein Leben neben der alles verschlingenden, verschluckenden, beobachtenden und drangsalierenden Ideologie-Staats-Bürokratie. Wahres Leben schaffte sich Raum im Falschen. Leben neben dem, außerhalb des und gegen das offiziell verordnete Leben. Verschwiegen seien alle die nicht, die sich gedankenlos angepaßt und eingereiht hatten, um ihre Ruhe zu haben und ihre Karriere zu bekommen. Und hatte es nicht auch (ehrlich) Überzeugte (mit unentbehrlichen) Scheuklappen gegeben?

6

Diese Fotos in einem einzigen Band erzählen mehr als zwanzig dicke Bücher! Jeder kann seine eigene Geschichte hinzufügen. Und jeder hat etwas zu erzählen. Diese Fotos regen dazu an und rufen Vergangenes und Vergessenes wach.

Da flattern müde Fahnen vor abblätternden Fassaden. Über Mülltonnen in Reih und Glied wird den Genossenschaftsbauern durch das Ausrufezeichen gesagt, daß sie »in Feld und Stall« zu Höchstleistungen kommen »mit Wissenschaft und Technik« (1986 – mit Wegweiser »Nordhausen«). Unser Bestes war zum X. Parteitag der Kohl. Wunderbare, riesengroße Kohlköpfe. Und zum XI. war es der edle Kornbrand aus Nordhausen. Tristesse ersäufen, ohne einen schweren Kopf zu kriegen. Wahrhaft »delikat« jener der Partei geltende, immer und immer wiederholte Dank im Schaufenster eines »Delikat-Ladens«, bestimmt zur Kaufkraftabschöpfung. Ein Uhrenladen sagt dem Genossen HONECKER, was die Stunde geschlagen hat. Die Uhren aber gehen erkennbar falsch. Welche Zeit ist die richtige. Mit uns ging die neue Zeit… Stehen auch die Uhren im sozialistischen Wettbewerb, wo's hinten und vorne nicht stimmt? Über dem höchsten Hochwasserstand in Wehlen an der Elbe prangt 1983 die Behauptung: »Das Programm der SED ist das Programm des Volkes«.

Wem eigentlich wollte man das alles wieder und wieder unter die Nase reiben? Mal ganz abgesehen von der Verunstaltung. Und von dem VEB Brauhaus Mühlhausen, Betriebsteil Brauhaus Heilbad Heiligenstadt, verkündet ein Plakat vor einem geschundenen Torweg: »Partei, Staat und Volk sind bei uns fest verbunden«. Na denn: Prost!

Es muss schon ein findiger LPG-Vorsitzender oder Parteigruppensekretär gewesen sein, der »unser sozialistisches Vaterland die Heimstatt für Demokratie und Menschenrechte« nannte. So etwas las man freilich selten. Dafür aber die »Läuferproduktion Wellaune«, die als ZBE (Zwischenbetriebliche Einrichtung) 1985 zehn Jahre alt wurde, vor einem riesigen Feld mit der »Wurst am Stengel« (CHRUSCHTSCHOW) versichert, daß jeder »an seinem Arbeitsplatz das Beste für unser sozialistischen Friedensstaat« gibt. Die besten Schweine stets für den Westen, für Devisen. Mitten aus einer Dornenhecke in wahrlich unaufgeräumter Landschaft, prangt eine Schrift, für die man wahrlich keine Brille braucht »Mit wenig-

ger Aufwand höhere Ergebnisse für die Ernährung d. Volkes«. NARVA Berlin reimt das Licht auf Dich.

Über sämtliche Losungen, die die SED 40 Jahre lang aufhängen ließ, ließe sich das Urteil fällen, das ein Transparent vom Herbst `89 ausdrückt: »Wo der Geist machtlos ist, wird die Macht geistlos«. Am 20.11.89 wird in Leipzig ein Hakenkreuz zerbrochen. Das heißt: Nichts vergessen. Und am selben Tag wird zur Solidarität mit dem Volk in Rumänien und in der CSSR aufgerufen, denn zu jener Zeit sah es in diesen beiden Ländern noch sehr finster aus.

Zu einer Zeit, da es nicht mehr gefährlich war, kamen Abrechnungsbedürfnisse von braven Untertanen zutage. Da wird plötzlich HONECKER mit einem Riesenbild im Rahmen aus irgendeiner staatlichen Institution wie ein Angeklagter gesucht. Eine wichtige Mahnung hinterläßt eine Aufschrift vom Dezember 1989 aus Leipzig: »Die Intoleranten von heute sind die Diktatoren von morgen«.

Unsere Demokratie braucht weiter das Engagement von Menschen auf den Straßen und in den Parlamenten. Sie bedarf der klaren Ansagen, der Ausfüllung des Grundgesetzes und sie bedarf täglich bewährter Toleranz. Demokratie ist das tägliche Plebiszit von Bürgern, die wissen, was sie, was wir an unserer Verfassung haben und daß sie des Schutzes würdig und bedürftig ist.

40 Jahre mit Zwang ausgeübte, ideologische Verblödung könnte längst abgelöst sein durch freiwillige Verblödung, deren Ideologie nichts anderes ist als das Geld und deren Wegweiser nichts anderes ist als der Ellenbogen.

Die so kritische wie selbstkritische Beteiligung aller Bürger bleibt gefragt. Die Lüge ist mit dem Ende des Systems der verordneten Lügen nicht vorüber; sie wird nicht mehr von oben verordnet, sondern »am Markt« angeboten. Es wird heutzutage schlicht viel geschickter gelogen. Deshalb die Mahnung aus Leipzig, bei strömendem Regen vom Dezember 1989: »Sie haben gestern gelogen. Sie lügen heute und sie werden morgen lügen.« Gegen die Lügen und gegen das Lügen rechtzeitig die Stimme zu erheben, bleibt als Vermächtnis der »großen deutschen Oktoberrevolution« von 1989.

Peißen — August 1980

Gädebehn — Mai 1982

Pirna — Juli 1987

„Gruß und Dank den Bürgern
der Stadt zum 34. Jahrestag
der Gründung der DDR!"

Münchenbernsdorf — April 1985

Plauen — Juni 1984

Münchenbernsdorf — November 1984

Weimar — Juni 1984

Unsere Antwort auf den XI. Parteitag:
Neue Initiativen im
sozialistischen Wettbewerb!

Leipzig — Oktober 1980

Leipzig — Februar 1988

Domnitz — November 1984

Domnitz — 17. Februar 1987

für
unser
Vaterland
MACH MIT!

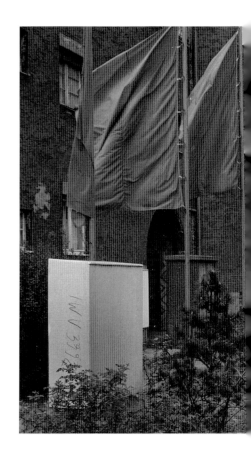

Peter Guth †

Zwischen Marx und Michel
Sieghard Liebes Dokumente von Sichtagitation in der DDR

Als Victor Klemperers »LTI« um die Mitte der sechziger Jahre als Reclam-Heft in der damaligen DDR wieder erschien, war es für uns Schüler ein Ereignis. Obwohl wir uns mitten im Erziehungssystem der DDR befanden, waren wir doch nicht so vernebelt, um die Parallelen zu unserer Wirklichkeit zu übersehen. Das Buch ging von Hand zu Hand und wir stellten, freilich auf einer recht trivialen, weil historische Zusammenhänge überhaupt nicht reflektierenden Ebene ständig Analogien zur DDR-Sprache fest. Der »Kohlenklau« aus der Nazi-Zeit war längst nicht mehr im Schwange, dafür hatten wir unseren »Wattfraß«. Der stammte noch aus den frühen fünfziger Jahren und lebte fort wie die »Bonner Ultras«, in deren Auftrag er ganz offensichtlich die DDR-Wirtschaft schädigte. Allein dieses Wort, das in den wenigen Zeilen nun schon zum vierten Male auftaucht, ist ein Unding für sich: Keinem Franzosen würde einfallen, zu sagen, er käme aus der RF, der Republique Francais. Wir kamen aus der DDR und beneideten die Deutschen in der BRD. Und das, obwohl sie den »Klassenfeind« verkörperten. Indessen jedoch sammelten wir erst einmal eifrig die Abfälle aus Mutters Küche für »Flora und Jolante«. Zuerst in der Sowjetunion, dann später auch bei uns gedieh prächtig die »Wurst am Stengel«, der Mais. Jeder von uns Schülern hatte sich als kleiner »Timur« zu verstehen, der, wie jener weiland in der Sowjetunion samt seinem »Trupp«, unentwegt gute Taten vollbringen sollte. Etwas später dann, am Anfang der siebziger Jahre, hatte einer der Schulkameraden irgendwo eine Losung gesehen, die wie eine mathematische Gleichung aufgezogen war und, wie man so sagte, »nach hinten losging«: »Sozialismus = Frieden - verwirklichte Menschenrechte«. Das las sich wie Frieden minus verwirklichte Menschenrechte und kursierte neben Liebeserklärungen und allerlei anderem Schülerunfug unter den Schulbänken. Den gleichen Weg nahmen die ersten Abschriften aus Wolf Biermanns »Drahtharfe«. Er lebte damals noch interniert in seiner Ostberliner Wohnung und schien uns das verruchteste von allen möglichen Dingen zu sein. Das Wort »Dissident« kannten wir nicht. Bei all dem kamen wir uns keineswegs konspirativ vor. Es lebte einfach ein zweites, wirklich jugendliches und natürlicherweise aufmüpfiges Ich neben dem, das gerade im »Stabü«-Unterricht aufgerufen worden war, um über die Rolle der FDJ, der »Kampfreserve der Partei«, zu referieren. Schizophrenie erschien nicht mehr als Krankheit, sondern als Lebensform. Sie hat in den Folgejahren nicht aufgehört. Seit 1971 kämpften wir (bei Stalin waren es noch »Schlachten«, etwa »Ernteschlachten«, gewesen) um die Erfüllung der »Hauptaufgabe«. Ich bin zu der Wette bereit, dass kein DDR-Bürger den korrekt-vollständigen Wortlaut dieser »Hauptaufgabe«, für deren Einlösung er stritt, kannte. Später »prägte sich zunehmend aus«, »vervollkommnete« und »vertiefte« sich unser »Lebensniveau«. Der »reale Sozialismus« wies Tag für Tag seine »historische Überlegenheit über den Kapitalismus« nach. Und das bis zum November 1989 …

Es ist keine neue Erkenntnis, dass jedes System eine ihm eigene Sprache entwickelt. Derzeit muss sich eine Investition »rechnen«, ein Zusammenhang hat »spannend« zu sein, und wenn alles nichts hilft, werden »ABM-Stellen zur Organisation von Arbeitsbeschaffungsmaßnahmen eingerichtet. Dies wäre ein neues Kapitel. Sieghard Liebe, der seit 1978 die öffentlich auf Plakaten und Transparenten vorgeführte »Sichtagitation« registrierte, hat begonnen, auch dieses Kapitel zu dokumentieren. Die nun vorgestellten Fotos stammen hauptsächlich aus den achtziger Jahren. Ihre Spannung erwächst vor allem auch aus dem von Sieghard Liebe sehr genau gesehenen Widerspruch zwischen inhaltlichem Anspruch, der Agitation und deren Umfeld, ein Widerspruch, der zuweilen zu unfreiwilligen und unerwünschten Offenlegungen führte.

Die eigentümliche Mischung aus Zwang von oben, opportunistischem Wunsch, der Obrigkeit zu gefallen und manifestierter Feigheit hat in Verbindung mit einem gerüttelt Maß Dummheit dazu geführt, dass nahezu jedes hehre Ziel in der öffentlichen Darstellung völlig ausgehöhlt werden konnte. Was wiederum nur ein Spiegel der Realität war, denn von vielen der Ziele waren ja nur noch die Worthülsen geblieben. Insofern stehen die öffentlichen Losungen sowohl für eine sich zunehmend von ihrer einstigen Programmatik entfernenden Gesellschaft als auch für eine immer weiter sinnentleerte Sprache. Es kommt noch ein Problem hinzu, das historisch gesehen, auch jede Gesellschaft kennt und das vielleicht das Leben überhaupt erst möglich und erträglich macht: Unter den Zwängen und Abschleifungen des Alltags entwickelt sich die Trivialität. Ihr hervorstechendes Merkmal besteht darin, dass sie vor nichts halt macht. Politik und Religion, Persönlichkeiten und Geschichte – alles wird in ihren Strudel hineingerissen, alles wird zum Nippes. Die Dimensionierung spielt dabei keine Rolle – der gipserne BEETHOVEN auf dem Klavier hat das gleiche Niveau wie der bronzene Marx in Chemnitz. Zu diesem Reduktionscharakter der Trivialität gehört auch das Bemühen, die große Welt in den Alltag hineinzuholen. Das kann nicht gut gehen, wird aber immer wieder versucht werden. Schließlich, und genau an diesem Punkt setzt die Gefährlichkeit des Trivialen an, soll ein Gleichheitsprogramm durchexerziert werden: Schande und Ausstoßung über den, der sich nicht zugehörig fühlen will. Da hört der Spaß auf. Bei den Mitteln der Apologie kann man sich getrost vergreifen; ihren Gegenstand in Frage zu stellen, kann tödlich sein.

Allein die Losungen dürften noch anders ein Problem reflektieren. Immer dort, wo repressiv gewirkt wird, entsteht Widerstand. Der drückt sich nicht immer in Heldenmut aus. Helden sind rar gesät. Doch das kleine, wie aus Versehen ins Getriebe geratene Körnchen Sand lässt ahnen, dass unter der Oberfläche manch Unmut schwelt und irgendwann zum Ausbruch kommen kann. Ich erinnere mich gut daran, wie sensibel wir die Zeitungen in den vergangenen Jahren gelesen haben. War es Zufall oder eben dieses Körnchen Sand, dass im Sächsischen Tageblatt (30.12.76) neben dem Foto von einem Karpfen mit aufgerissenem Maul und der Bildunterschrift »Bin ich nicht ein Prachtexemplar von einem Karpfen?!« der Aufmacher der Seite stand: »LEONID BRESHNEW gab Interview«? Das wird nicht mehr aufzuhellen sein. Aber wir haben im Bewusstsein dieser kleinen Sabotage gelebt – und es tat gut. Manche der von SIEGHARD LIEBE entdeckten Kalamitäten sind so schlimm, dass man einfach nicht daran glauben kann, hier sei ohne Absicht überzogen worden. Es musste viel, vielleicht zu viel Zeit vergehen, bis endlich das ganze Volk rief: »Er hat ja doch gar nichts an!« Es schmälert nicht SIEGHARD LIEBES Leistung, wenn man darauf hinweist, dass viele Fotografen Doku-mentationen über die absurden Erscheinungen in der ehemaligen DDR besitzen. Den Fotografen hier ging es häufig nicht, wie ihren westlichen Kollegen, um das völlig überraschende optische Ereignis, sondern um eine Verschlüsselung von Realität. Daher waren die Sinne sehr wach auf diese Realität gerichtet und das damals nicht zu veröffentlichende Material belegt heute, dass man sehr wohl sehen konnte, wenn man sehen wollte. Fotografen wie SIEGHARD LIEBE sorgen mit ihren Dokumenten dafür, dass einst kaum mehr bewusst wahrgenommene staatlich verordnete Appelle nun ins kritische Bewusstsein gerückt werden können.

BERND LINDNER

Alte Parolen …und neuer Geist

Das »Neue Deutschland« war das Zentralorgan der Sozialistischen Einheitspartei. Damit war es per se Verkünder des Willens des allmächtigen Politbüros und »Großbetrieb der Ideologieproduktion«[1] zugleich. Hier war täglich zu lesen, wie die DDR sein sollte – nicht als Möglichkeitsform, sondern als Tatsachenbehauptung. Nichts ging darüber; denn wie schon ein frühes Kampflied der SED ebenso selbstbewusst wie drohend verkündete: »Die Partei, die Partei, die hat immer recht!«[2]

Nur einmal im Jahr, Anfang April, übertraf das ND sich noch selbst. Nicht der übliche Mix aus ›Hofberichterstattung‹ über die Aktivitäten der SED-Führungsspitze, Erfolgsmeldungen aus der DDR-Wirtschaft und der kommunistischen Weltbewegung, sowie ein bisschen Kultur, zierte an diesem Tag die Titelseite der Zeitung. Nein, sie bestand aus Ideologie pur: Nahezu Seiten füllend reihte sich Losung an Losung – rund 50 an der Zahl. Das Zentralkomitee der SED verkündete so alljährlich die zum bevorstehenden »Kampftag der internationalen Arbeiterklasse«, dem 1. Mai, offiziell zugelassenen Parolen und Losungen. Nur diese Propagandasprüche durften als Transparente und Schilder bei den Mai-Aufmärschen mitgeführt werden oder zum Feiertag die Fassaden der volkseigenen Betriebe und staatlichen Einrichtungen schmücken.

Auch hier überließ die SED-Führung nichts dem Zufall. Alles kam von oben: In diesem Fall aus der Kommission Agitation und Propaganda, die innerhalb des Parteiapparates selbst eine wechselvolle Geschichte hatte, – mal beide Bereiche gemeinsam, meist aber in getrennten Abteilungen verwaltete. Ursache dafür war das unterschiedliche Verständnis für diese Aufgabenfelder seitens der SED-Ideologen. Während es bei der Propaganda nach ihrer Ansicht um die »systematische Verbreitung und gründliche (theoretische) Erläuterung … der Ideen des Marxismus-Leninis-

mus«, mithin »die politisch-ideologische Erziehung der Parteimitglieder und aller Werktätigen« und die Vertiefung ihres »sozialistischen Bewusstsein« ging;[3] war die Agitation eher das Instrument zur Erreichung dieses Ziels. Das Wort »Agitation« kommt vom lateinischen »agitare«, was »in Bewegung setzen« bedeutet. Schon LENIN verstand unter Agitation daher »den Appell an die Massen zu konkreten Aktionen, die Förderung der unmittelbaren revolutionären Einmischung des Proletariats in das öffentliche Leben.«[4] Freilich formulierte er dies bereits 1902, fünfzehn Jahre vor der Eroberung der politischen Macht durch die Bolschewiki und die Errichtung ihrer Diktatur in Russland. An einer »revolutionären Einmischung des Proletariats« hatten später weder die sowjetischen Kommunisten noch ihre Apologeten in der DDR wirklich Interesse.

Nun sollte die Agitation eher »kollektiver Organisator« der Massen sein. Hauptinstrument dafür waren die Massenmedien: Presse, Rundfunk und Fernsehen. Doch auch in der sogenannten »Sichtagitation mit ihren spezifischen Mitteln wie Plakaten, Transparenten, Großflächen usw.« sah die SED-Führung wichtige Potentiale, um »die politische Arbeit der Partei zu unterstützen.«[5] Der Begriff der Sichtagitation war keine originäre Neuschöpfung der SED. Bereits FERDINAND LASSALLE und die frühe Sozialdemokratie hatten ihn im 19. Jahrhundert zur Bezeichnung der Dekoration von Veranstaltungen des Allgemeinen Deutschen Arbeitervereins verwendet. Auch die KPD hatte in den politischen Auseinandersetzungen der Weimarer Republik ein breites Repertoire an Sichtagitationsmitteln entwickelt, an das sie nach der Zerschlagung des Nationalsozialismus wieder anknüpfen konnte. Bereits am 1.10.1945 erhielt die Partei von der sowjetischen Besatzungsmacht die Lizenz für eine eigene Werbeagentur – die Deutsche Werbe- und Anzeigengesellschaft (DEWAG). In Dresden gegründet, ging die Agentur 1946 (nach der Zwangsvereinigung von KPD und SPD im Osten Deutschlands) in den Besitz der SED über und verlegte 1949 ihren Hauptsitz nach Ostberlin. In der Folge entstand ein flächendeckendes Netz von acht regionalen Betrieben in Berlin, Dresden,

---

1) So Franz Knipping, Wirtschaftsredakteur des ND, über die Zeitung; zitiert nach: Burghard Ciesla und Dirk Külow: Zwischen den Zeilen. Geschichte der Zeitung »Neues Deutschland«, Berlin 2009, S. 182
2) Text und Musik: Louis Fürnberg, 1950

3) Vgl. Kleines politisches Wörterbuch, Berlin(Ost) 1973, S. 689f.
4) Vladimir Illjitsch Lenin: Was tun? Brennende Fragen unserer Bewegung, in: Ausgewählte Werke, Band 1, Berlin(Ost) 1955, S. 228.
5) Vgl. Kleines politisches Wörterbuch, a.a.O., S. 15f.

Erfurt, Halle, Karl-Marx-Stadt, Leipzig, Magdeburg und Rostock, sowie Regionalstellen in allen anderen Bezirken der jungen DDR. Zu ihren Aufgaben gehörten die Beratung von Werbekampagnen sowie die Gestaltung und Herstellung von Werbemitteln für Wirtschaft und Kultur, vor allem aber für die politische Agitation. Der organisationseigene Betrieb der SED beschäftigte annähernd 5000 Mitarbeiter und verfügte Ende 1989 über ein Bilanzvermögen von 307 Mio. Mark der DDR. Inhaltlich unmittelbar der Abteilung Agitation beim Zentralkomitee der SED unterstellt, war bei der DEWAG für Linientreue stets gesorgt. Selbst für die Parteitage der sogenannten »Blockparteien« (DBD, CDU, LDPD und NDPD)[6] kam das Werbematerial aus dem SED-Betrieb. Die Produkte der DEWAG – ob Plakate, vorgefertigte Wandzeitungen oder Transparente – prägten das öffentliche Bild der DDR zwischen Ostseeküste und Erzgebirge, Harz und Oderbruch.

Sie waren so allgegenwärtig, dass sie schon keiner mehr wahrnahm. Das fiel selbst Gästen von außerhalb auf. So notierten die Herausgeber der Hamburger Wochenzeitung »Die Zeit« Marion Gräfin Dönhoff und Theo Sommer bei einer »Reise ins andere Deutschland« im Jahr 1986, dass »die DDR-Bürger« die eigentlich unübersehbaren Propagandalosungen »noch unbeeindruckter an sich abrieseln lassen als der durchschnittliche Bundesbürger die Fernsehwerbespots.«[7] Ein Umstand, den die SED-Führung natürlich nicht wahrhaben wollte. So verteidigte der Chefideologe der SED, Kurt Hager, noch 1987 sein angestaubtes Propagandainstrumentarium gegenüber dem Nachrichtenmagazin »Stern« mit den Worten: »Sie irren sich, wenn Sie behaupten, dass die Spruchbänder und Losungen nur den Kommunisten eigen und Relikte einer vergangenen Zeit seien (…) Freilich haben unsere Spruchbänder und Losungen einen völlig anderen Inhalt (als die in der Bundesrepublik – B. L.).[8] Es sind keine bitteren Anklagen, sondern Friedens-Losungen, Anerkennung für unsere sozialen Leistungen, Verpflichtungen im sozialistischen Wettbe-

werb. Als Zeichen sichtbarer Anerkennung für außergewöhnliche Leistungen stehen bei unseren Werktätigen Ehrenbanner hoch im Kurs.«[9] Allerdings war dies dasselbe Interview, indem Hager der Perestroika-Politik Michail Gorbatschows in der Sowjetunion, mit der viele DDR-Bürger eine Hoffnung auf Veränderungen auch im eigenen Land verbanden, eine schroffe Absage erteilte: Die deutschen Kommunisten dächten nicht daran, die eigene »Wohnung ebenfalls neu zu tapezieren«, bloß weil der Nachbar renoviert.[10] Das Interview wurde (mit etwas zeitlichem Verzug) auch in den Tageszeitungen der DDR veröffentlicht. Hätte es noch einer Bestätigung für die Reformunwilligkeit der greisen SED-Führung um Erich Honecker bedurft, so war sie für alle Menschen in der DDR hier nachzulesen.

Längst standen die Ansprüche der politischen Führung im krassen Widerspruch zur Lebensrealität in der DDR und den Erwartungen und Wünschen der Menschen in ihr. Nichts desto trotz erschienen Jahr für Jahr im Neuen Deutschland weiterhin die Losungsdiktate zum 1. Mai; stets eingeleitet von der Losung »Es lebe der 1. Mai, der Kampftag der internationalen Arbeiterklasse!« und beendet von der Parole »Es lebe der proletarische Internationalismus!«. Aber auch all die dazwischen genannten Losungen, wichen in ihrer Wortwahl nur geringfügig voneinander ab. Zwar sorgten Jubiläen (wie runde »Republikgeburtstage« und Jahrestage »des Sieges über den Hitlerfaschismus und der Befreiung des deutschen Volkes«) oder aktuelle Ereignisse (wie bevorstehende SED-Parteitage, FDJ-Parlamente oder Jugendfestivals) für leichte Akzentuierungen und andere Prioritäten in den veröffentlichten Listen; wirklich Neues war von ihnen jedoch nicht zu erwarten. So taten denn auch kluge Ökonomen in Volkseigenen Betrieben gut daran, die in der Produktion teuren, meterlangen Schrifttransparente, nach der jeweiligen Maidemonstration nicht einfach zu entsorgen. Denn ihre Zeit würde wieder kommen, wenn nicht im nächsten, dann im übernächsten Jahr!

Als das Zeitgeschichtliche Forum in Leipzig, an dem ich als wissenschaftlicher Mitarbeiter und Ausstellungskurator tätig bin, Mitte der

---

6) DBD – Demokratische Bauernpartei Deutschlands, CDU – Christlich Demokratische Union, LDPD – Liberaldemokratische Partei Deutschlands, NDPD – Nationaldemokratische Partei Deutschlands
7) Theo Sommer (Hg.): Reise ins andere Deutschland, Reinbek 1986, S. 19.
8) Hager verwies in dem Interview auf Losungen von bundesdeutschen Arbeitnehmern und selbstständigen Bauern, die sich auf Demonstrationen gegen den Abbau ihrer Arbeitsplätze wandten. In: »Jedes Land wählt seine Lösung«, Interview des Politbüro- ZK-Mitglieds Kurt Hager mit dem »Stern«, Nr. 16/1987, S. 140ff.

9) Ebenda
10) Ebenda

Leipzig ca. 1953

1990er Jahre (relativ spät) seine Sammeltätigkeit zur DDR-Geschichte aufnahm, gelang uns bei Recherchen im ehemaligen VEB Hutkombinat Guben an der Neiße ein glücklicher Fund. In einem Schuppen auf dem Werksgelände fanden sich über 50 (eingerollte) Transparente und Propagandaschilder aus über vier Jahrzehnten DDR. Nicht wenige von ihnen waren in all den Jahren mehr als einmal zum Einsatz gekommen! Wirklich wahrgenommen hat sie, außer den dafür unmittelbar verantwortlichen Funktionären, aber kaum noch jemand. Da verhielten sich die Gubener nicht anders als die restliche Bevölkerung in der DDR. Sie hatte im Laufe der Jahrzehnte eine Kultur des gezielten Wegsehens und der Nichtwahrnehmung entwickelt, die es ihnen ermöglichte, die vorhandene Propagandaflut auszublenden: Die tägliche Zeitungslektüre begann man (meist) von hinten, mit der Sport- oder Regionalseite. Die flächendeckende Plakatierung zu »gesellschaftlichen Höhepunkten« übersah man geflissentlich. Und wer sich am 1. Mai beim Vorbeimarsch an der Tribüne von seinem Partei- oder FDJ-Sekretär ein Transparent oder eine Fahne hatte »andrehen lassen«, war »der Angeschmierte« und zudem noch Ziel des mehr oder minder offenen Spotts seiner Kollegen oder Mitschüler. Das Bemühen des so ›Geschmähten‹ galt allein dem Ziel, das Transparent oder die Fahne – kaum war man an der Tribüne mit den ört-

lichen Funktionären vorbeigezogen – so schnell wie möglich wieder los zu werden. Nein, mit der staatlichen Propaganda der DDR wollte das Gros seiner Bürger so wenig wie möglich zu tun haben!

Eine Ausnahme von dieser Regel stellte seit Ende der 1970er Jahre der Leipziger Fotograf SIEGHARD LIEBE dar. Nicht, dass er ein glühender Anhänger der DDR-Propaganda gewesen wäre, und doch war er – zum Glück für die Nachwelt (!) – süchtig geworden nach deren Produkten. Die mannigfachen Losungen, die ihm bei seinen zahlreichen Fahrten durch das Land immer wieder an Straßenrändern, auf Plätzen, an öffentlichen Gebäuden sowie in Schaufenstern und Auslagen begegneten, auf Zelluloid zu bannen, wurde ihm zu einem anhaltenden Bedürfnis. Dabei ging es dem dokumentarisch arbeitenden Fotografen aber nicht nur um die einfache bildliche Fixierung der Inhalte dieser Transparente, Parolen und Plakate. Ihn interessierte vor allem der Kontext, in dem sie präsentiert wurden, und ihre ideologische Wirkung entfalten sollten. Denn seltsamerweise gab es in der DDR zwar – wie oben beschrieben – exakte Vorschriften, was auf den Propagandaschildern stehen durfte und was nicht; wo sie aufzustellen, anzubringen oder zu präsentieren seien, wurde dagegen den Intentionen der Funktionäre und Plakateure vor Ort überlassen. Dass dafür besonders exponierte Plätze zu wählen seien, war ihnen natürlich geläufig. Das nötige gestalterische Vermögen, sie unter konkreten lokalen Bedingungen am rechten Ort zu präsentieren, war jedoch nicht jedem ›Sichtagitator‹ in die Wiege gelegt worden. Und so kam es häufig zu unfreiwillig komischen Konstellationen, wenn das Umfeld und der Kontext in dem die Losungen platziert wurden, nicht mit beachtet oder erkannt wurden. Ein Honeckerporträt samt übergroßem SED-Emblem vor einer »An- und Verkauf-Stelle« für Gebrauchtwaren, erwies sich propagandistisch als genauso kontraproduktiv, wie ideologische Glücksverheißung neben Stapeln von Leergutflaschen oder das Platzieren eines Plakats mit dem Porträt einer strahlenden FDJlerin und dem Slogan »Meine Heimat – DDR!« auf dem Hintergrund eines metallischen Scherengitters.

Hinzu kam, dass manche Fassade zu dem Zeitpunkt, als eine optimistische Losung an ihr angebracht wurde, noch weitgehend intakt war. Da es neben mangelnden konkreten Festlegungen zur Frage ›Wo installiert man

Propagandamaterial richtig?‹ auch keine offiziellen Vorgaben zur Frage
›Wie lange darf/soll es dort hängen bleiben?‹ gab, verkündete manch
Transparent immer noch emphatisch »Vorwärts unter dem Banner von
Marx, Engels und Lenin!«, »Heute besser als gestern – morgen besser
als heute!« oder »Mit dem Blick auf den XII. Parteitag der SED lösen wir
die Aufgaben der Gegenwart!«, wenn von der Wand, die es trug, längst
der Putz in großen Fladen abgebrochen oder sogar das gesamte Gebäude
dahinter in sich zusammengefallen war. Andernorts überwucherten
bereits Gras, Efeu oder Baum- und Strauchwerk die einstigen Segnungen
der sozialistischen Ideologiefabrik und machte sie zu weiten Teilen unles-
bar; von Sieghard Liebe durch serielle Aufnahmen von ein und demsel-
ben Transparent bzw. Standort über Jahre hinweg besonders sinnfällig
dokumentiert. Weil aber die Gedanken der Klassiker des Marxismus-
Leninismus von ihren hauptamtlichen ›Verhunzern‹ aus dem Ideologie-
apparat der SED als allzeit gültig apostrophiert wurden, hatten sie auch
keine Verfallszeit. Ganz im Gegensatz zu vielen Gebäuden, Straßen und
Orten in der unter notorischen Materialmangel zur Behebung von Bau-
schäden und den immer stärkeren Umweltbelastungen leidenden DDR,
die Stück für Stück verfielen. Insbesondere die historischen Altstädte
waren davon massiv betroffen.[11] Und so hatten die meisten Fotografien
Sieghard Liebes zum Zeitpunkt ihres Entstehens nicht nur einen stark
ironischen Touch, sondern auch bereits einen gallebitteren Beige-
schmack. Die Aussicht, sie öffentlich präsentieren zu können, war daher
für den Fotografen genauso wenig gegeben, wie für die meisten seiner
Berufskollegen und -kolleginnen, die sich »im Eigenauftrag«[12] der sozialdokumentarischen Fotografie verschrieben hatten. Diese hatte in der

Leipzig ca. 1953

DDR, anknüpfend an die Traditionen der amerikanischen Live-Fotogra-
fie, seit Ende der 1950er Jahre eine wachsende Schar von Anhängern
gewonnen.

Das geistige Zentrum dieser Fotografierhaltung war die Leipziger
Hochschule für Grafik und Buchkunst (HGB); selbst wenn es mehr als
zwei Jahrzehnte bedurfte, bevor sie sich an der einzigen Ausbildungsstät-
te für künstlerische Fotografie in der DDR auch personell voll durchset-
zen konnte. Anfang der 1980er Jahre waren die zwei wichtigsten Fotogra-
fenpersönlichkeiten der älteren Generation[13] – Evelyn Richter (geb.
1930) und Arno Fischer (geb. 1927) – als Lehrer an die HGB berufen
worden. Sie standen mit ihrem Oeuvre wie keine Zweiten für ein sozial
genaues Beobachten, das zugleich von einem hohen bildkünstlerischen
Gestaltungsbewusstsein geprägt war. Ihre unbeugsame Haltung hatte
Evelyn Richter 1956 an eben dieser Hochschule die Relegation vom
Studium eingetragen. Fortan musste sie ihren Unterhalt vornehmlich mit
gewerblicher Fotografie, als Porträt- und Messefotografin, bestreiten.
Und auch Arno Fischer hatte manch beruflichen Rückschlag hinzuneh-

11) »Ruinen schaffen, ohne Waffen!« lautete demzufolge auch die Persiflage der Losung »Frieden schaffen,
ohne Waffen!« der internationalen Friedensbewegung, die in den 1980er Jahren unter der DDR-Bevölkerung zu zirkulieren begann. 1978 von Kriegsdienstgegnern in Baden-Württemberg kreiert, wurde sie 1980
von der Aktion Sühnezeichen zum Motto bundesweiter Friedenswochen gemacht und fand zeitgleich auch
Eingang in die oppositionelle Friedensbewegungen der DDR, der Schweiz und Österreich.
12) Diesen Begriff prägte einst Evelyn Richter für ihre Praxis als sozialdokumentarische Fotografin in der
DDR. Vgl. dazu: Bernd Lindner: Abbild und Einmischung. Sozialdokumentarische Fotografie in der DDR.
In: Foto-Anschlag. Vier Generationen ostdeutscher Fotografen. Hrsg. von Stiftung Haus der Geschichte/Zeit-
geschichtliches Forum (Katalog), Leipzig 2001, S. 18–25; ders.: Serien im eigenen Auftrag. Sozialdokumen-
tarische Fotografen in den 1980er Jahren in Leipzig. In: Leipzig. Fotografie seit 1839. Leipzig 2011,
S. 159 –165; Jeanette Stoschek: Bilder im eigenen Auftrag. Eine Annäherung an das fotografische Werk von
Evelyn Richter. In: S. 14–27. In: Evelyn Richter: Rückblick Konzepte Fragmente. Bielefeld/Leipzig 2005.

13) Zu den Generationen innerhalb der DDR-Fotografie, vgl.: Foto-Anschlag. (a.a.O., Anm. 12)

Berlin 1961

men, bevor er Anfang der 1970er Jahre erstmalig seine Erfahrungen als Fotograf an Studenten der HGB weitergeben durfte. Zehn Jahre später kehrte er dorthin als Dozent zurück, um 1985 zum Professor berufen zu werden. Schon seit 1981 hatte EVELYN RICHTER einen Lehrauftrag an der Hochschule, die sie einst ohne Abschlusszeugnis verlassen musste; eine Ehrenprofessur an der HGB wurde ihr freilich erst 1991 zuteil.

Mittendrin in diesem Epizentrum der DDR-Fotografie stand der nur um ca. zehn Jahre jüngere Fotograf SIEGHARD LIEBE. Seit 1966 als Oberassistent und Leiter einer Klasse im künstlerischen Grundlagenstudium im Fachbereich Fotografie der HGB tätig, hatte er bereits unter HEINZ FÖPPEL und zusammen mit JOACHIM JANSONG und HORST THORAU gelehrt. Sein Weg an die Leipziger Hochschule verlief relativ geradlinig. Nach einer Lehre als Maschinenschlosser und dem Studium der Fotografie an der tradierten Fachschule für angewandte Kunst in Magdeburg, kam er Anfang der 1960er Jahre nach Leipzig, wo er seitdem lebt und arbeitet. Zuerst war er dort als Redakteur im Fotokinoverlag – dem einzigen Fachverlag für Fotobücher in der DDR – tätig, wo die Verlagsarbeit für ihn eine gute Möglichkeit war, sich schon früh mit dem internationalen Fotogeschehen vertraut zu machen.

An der HGB, die Ende der 1960er Jahre noch ganz unter dem Diktum BERTHOLD BEILERS und seiner Schriften »Parteilichkeit im Foto« und »Die Gewalt des Augenblicks«[14] stand, spezialisierte sich SIEGHARD LIEBE auf die Landschaftsfotografie. Zahlreiche Bildbände – u. a. »Motive der Berge« (1972), »Sächsischen Schweiz«(1974), »Insel Usedom« (1978) »Gebirgsfotografie« (1981) und »Vom Isergebirge zur Schneekoppe« (1983) – entstanden zum großen Teil in enger Zusammenarbeit mit seiner Ehefrau MONICA LIEBE, die die Texte beisteuerte. Die mit diesen Fotobänden verbundenen Reisen kreuz und quer durch die DDR, wie auch Fotopraktika mit HGB-Studenten in Mecklenburg, nutzte SIEGHARD LIEBE seit Ende der 1970er Jahre gezielt zur ständigen Komplettierung seiner, von ihm über viele Jahre beständig ausgebauten Fotoserien »Unbequeme Landschaften«, über die Umweltschäden in der DDR,[15] wie seine Fotosammlung zur staatlich gelenkten Sichtagitation. Nicht zufällig begann er damit um 1980. Durch die Entwicklung in der Fotografieausbildung an der HGB unter A. FISCHER und E. RICHTER, entstanden auch für ihn – nicht nur in der Lehre – neue, produktive Reibungsflächen. EVELYN RICHTERS Fotografenethos benennt er noch heute als eine zentrale Anregung für die weitere Entwicklung seines eigenen fotografischen Schaffens in jenen Jahren. So fällt auch der Beginn seiner fotografischen Auseinandersetzung mit den Losungen und Parolen der SED und der Massenorganisationen der DDR (vom FDGB über FDJ und DSF bis zur GST),[16] wie sie überall im Land Gebäude und Straßenränder ›zierten‹, in diese Zeit. Und gleich den sozialdokumentarischen Fotografien von Evelyn Richter sind diese Aufnahmen LIEBES »niemals inszeniert und doch bewusst komponiert.«[17] So entspricht das (nahezu) vollständige Fehlen von Menschen auf diesen Bildern seinem künstlerischen Bestreben, damit die Wirkungslosigkeit der staatlichen Propaganda zu dokumentieren. Zu den vom Fotografen in dieser Serie gezielt eingesetzten Gestaltungsmitteln gehört ebenfalls das Vorherrschen einer starken Grau-

14) Erschienen 1959 und 1967

15) Vgl. dazu Bernd Lindner: Serien im eigenen Auftrag (a.a.O., Anm. 12), S. 161f.

16) FDGB – Freier Deutscher Gewerkschaftsbund (DDR-Einheitsgewerkschaft), FDJ – Freie Deutsche Jugend (einziger Jugendverband der DDR), DSF – Gesellschaft für Deutsch-Sowjetische Freundschaft, GST – Gesellschaft für Sport und Technik (vormilitärische Organisation)

17) Jeanette Stoschek: Bilder im eigenen Auftrag (a.a.O., Anm. 12), S. 20

tönung in den Vintage Prints. Die Fotografien wirken dadurch nicht nur alle, als seien sie durchgängig im Herbst oder zeitigen Frühjahr entstanden, sondern geben auch der vorherrschenden Grundstimmung in der DDR jener Jahre ihre adäquate ›Färbung‹.

Der renitente Geist manch Lehrender an der HGB steckte auch die Studenten an und motivierte sie, den Staat – auf ihre Art – mit bildnerischen Mitteln zu foppen. So fertigten Studenten der Malerei zum 1. Mai 1984 ein überdimensioniertes Bildnis ERICH HONECKERS (dreimal zwei Meter groß) an, das auf dem ersten Blick ganz im Stil der DDR-Propaganda gehalten, aber dennoch voller ironischer Details war. Das fing mit der kitschigen Farbgebung an und endete bei dem übergroßen Parteiabzeichen (im Volksmund »Bonbon« genannt) am Revers des Staatsratsvorsitzenden und SED-Generalsekretärs. AXEL KRAUSE, einer der Initiatoren, erinnert sich: Das Bild sei »größer, bunter, glänzender und kitschiger, kurz fetziger« gewesen als die Fotos ERICH HONECKERS, die überall in der DDR hingen. Von den Studenten – unter ihnen auch der heute weltberühmte Maler NEO RAUCH – war die Aktion vor allem als Jux gedacht.[18] Geblendet vom »strahlenden Erich« wurde sie von den allgegenwärtigen Aufpassern der Staatssicherheit zum Glück auch nicht politisch interpretiert. Ebenfalls an der Tribüne mit den leitenden SED-Funktionären vorbei, schafften es 1988 andere Studenten der HGB, die in deutlich ironischer Anspielung auf die DDR-Propagadamaschine einfach die eingangs zitierte Seite 1 des ND mit den Mailosungen ins Übergroße ›aufgeblasen‹ hatten. Immerhin waren darauf ausschließlich die vorgeschriebenen Losungen zu lesen. Dagegen wurden ein Jahr später zwei junge Männer aus dem Marschblock der HGB von Stasi-Mitarbeitern in Zivil herausgerissen und »zugeführt«, weil sie auf einem selbst entworfenen Transparent, im Geiste der Perestroika auch für die DDR »Wahrheit ist kein Monopol – offen sein für Alternativen!« forderten. SIEGHARD LIEBE hat die beiden jungen Männer mit ihrer subversiven Losung – die nicht zur HGB gehörten, sich dort aber (zu Recht) gut aufgehoben fühlten – kurz zuvor noch fotografiert. Ein anderer berühmter Absolvent der Schule, HANS-CHRISTIAN SCHINK (damals noch Student), hat auch den Vorgang

des Niederreißens des Transparents und der anschließenden Verhaftung der beiden jungen Männer aufgenommen. Seine Fotos erschienen wenige Wochen später, ohne Nennung des Fotografen, in der westdeutschen Illustrierten »Stern«, als Beleg für die sich in der DDR anbahnenden Veränderungen.

In den Jahrzehnten davor musste sich die DDR-Propaganda nur selten solch einer direkten Konfrontation mit der Meinung Andersdenkender aussetzen. Eine der raren Gelegenheiten hat SIEGHARD LIEBE ebenfalls fotografisch festgehalten. Bereits Mitte der 1970er Jahre hatte der ob seiner besonderen Renitenz bei den örtlichen SED-Funktionären, aber auch innerhalb seiner evangelischen Kirche gefürchtete Pfarrer OSKAR BRÜSEWITZ auf dem Acker seiner Kirchgemeinde Rippicha (nahe der Kirche von Droßdorf) ein großes Schild mit der Aufschrift »Die auf Gott vertrauen, erhalten neue Kraft.« aufgestellt. Dies konnte ihm selbst in diesem autoritären Staat letztlich niemand verbieten. Das Transparent blieb dort auch nach der spektakulären Selbstverbrennung von OSKAR BRÜSEWITZ, am 18. August 1976 im Stadtzentrum von Zeitz, stehen, wo es SIEGHARD LIEBE vier Jahre später fotografiert hat. Ihm vis-a-vis, versuchte die SED-Propaganda mit einem eigenen Transparent, auf dem »30 Jahre DDR. Frieden – Wohlstand – Sicherheit« bejubelt wurden, propagandistische Gegenwirkung zu entfalten. Vergeblich, wie wir heute wissen!

SIEGHARD LIEBE hat schon zu DDR-Zeiten probiert, das eine oder andere Foto aus der Transparente-Serie in einem seiner Stadt- und Reisebücher unterzubringen, scheiterte (zumeist) aber an der ablehnenden Reaktion der Lektoren. So staunte SIEGHARD LIEBE nicht schlecht, als er Anfang der 1980er Jahre die Druckfahnen seines Stolberg-Bandes vom Leipziger Verlag F. A. Brockhaus zur abschließenden Durchsicht erhielt. Auf dem Foto vom mittelalterlichen Saigerturm fehlte plötzlich das dort aufgehängte Transparent »Den Sozialismus stärken, den Frieden sichern!« Es war vom Verlag mit einer feinsäuberlich aufgemalten Feldsteinfassade wegretuschiert worden. Darauf angesprochen, machten die Lektoren geltend, dass sich solche Fotografien negativ auf den erhofften Absatz des Bandes in der Bundesrepublik auswirken könnten. Was für die DDR-Bevölkerung gut sein sollte, war schädlich fürs Devisengeschäft!

---

18) Axel Krause, in: »Leipziger Volkszeitung« vom 10.12.2004

Aber auch kaum einer der Passanten, die den Fotografen bei seiner Arbeit beobachteten, konnte verstehen, warum er gerade diese Motive zur Aufnahme auswählte. Kopfschüttelnd und ohne Verständnis für sein Tun liefen sie meist an ihm vorbei. Bestenfalls die Sorge um den eigenen Posten brachte sie dazu, ihn anzusprechen. Wie jener Mann mittleren Alters, der SIEGHARD LIEBE im Frühjahr 1985 aufforderte, sich auszuweisen, als er gerade ein arg vom Sturm gebeugtes Schild am Eingang von Großsaara (einem Dörfchen bei Gera) ablichtete. »Der unzerstörbare Bruderbund mit der Sowjetunion – Quelle unserer Kraft!« war ironischer Weise darauf zu lesen. Wie sich im Gespräch herausstellte, war der Mann in der Gemeindeverwaltung für die Sichtagitation zuständig. Er befürchtete, dass der Fotograf ihn bei der zuständigen SED-Bezirksleitung ob des Zustandes der Staatspropaganda in seinem Ort anschwärzen könnte. Als Entschuldigung brachte er einen Grund zum Anschlag, den jeder DDR-Bürger sofort verstehen musste: Der Gemeinde fehlte das Gas für den Schweißbrenner, um das verbogene Metallgestänge zu reparieren.

Vielleicht spürte er aber auch intuitiv, dass das von SIEGHARD LIEBE aufgenommene Wegzeichen tatsächlich ein Zeichen der Zeit war. Im Laufe der Jahre verwittert und unansehnlich geworden, stand sein bejammernswerter Zustand im krassen Widerspruch zu dem, was es immer noch verkündete. Agitationstafeln wie diese gab es viele im Land: Auf bröckelndem Putz und in verwaschener Schrift beschworen sie in hehren Worten eine Zukunft, die schon längst hinter ihnen lag und nahmen den (nahen) Untergang des Staates, den sie feierten, damit bereits vorweg. Als sich dessen Ende im Herbst 1989 auch faktisch abzeichnete, verschwanden sie schnell aus dem öffentlichen Bild der Städte und Dörfer der (Noch-)DDR. Auf SIEGHARD LIEBES Fotografien aber sind sie uns bis heute – über ihre reale Vergänglichkeit hinaus – als optische Zeugnisse erhalten geblieben. Er war zwar nicht der einzige DDR-Fotograf, der sie fotografiert hat (vor allem Schaufensterfotos sind zahlreich überliefert), aber keiner außer ihm hat es so konsequent getan. Seine Aufnahmen waren bereits in zahlreichen Ausstellungen in Deutschland zu sehen. So in der Wanderausstellung »Wegzeichen – Zeitzeichen« von 1990. Aber auch in der Dauerausstellung des Hauses der Geschichte in Bonn findet sich seit 1994 ein Fries von SIEGHARD LIEBES entlarvenden Fotos zum

Umgang der DDR-Propaganda mit den »An-Sprüchen« des eigenen Regimes. Eigentlich stellen diese Fotos aus den Jahren 1978 bis 1989 aber nur einen Part von LIEBES Losungsfotos dar; der andere, ebenso gewichtige Teil kam im Herbst 1989 und Frühjahr 1990 in der demokratischen Revolution dazu.

… und neuer Geist

»Wenn das Sozialismus wär, wo kämen dann all die Losungen her?« fragte Ende Oktober 1989 eines der Transparente auf der zu diesem Zeitpunkt bereits zur Institution gewordenen Leipziger Montagsdemonstration. Da war auch SIEGHARD LIEBE schon zwei Wochen mit seiner Kamera auf dem abendlichen Leipziger Ring unterwegs, um all die Zeugnisse des »literarischen Volksvermögens«[19] zu dokumentieren, die ein tragendes Element dieser revolutionären Ereignisse waren.

SIEGHARD LIEBES erste Aufnahmen von den Transparenten und Losungen des Herbstes 1989 stammen vom 23. 10. 1989. Der Zufall wollte es, dass sein in der Bundesrepublik lebender Bruder Anfang Oktober den 50. Geburtstag feierte und dem Fotografen und seiner Frau aus diesem Anlass die erste Westreise »in dringenden Familienangelegenheiten« genehmigt worden war. Vor der Abreise hatten sie ihrem 21jährigen Sohn noch beschworen, wegen dem, nach dem 40. Jahrestag der DDR (am 7.10.1989) zu befürchtenden brutaleren Durchgreifen der Staatsmacht gegen die Demonstranten, bei der nächsten Montagsdemo möglichst nicht mit in der ersten Reihe zu laufen. Dieser antwortete auf die elterlichen Sorgen mit der Frage: »Wenn aber alle so denken?« Kaum einer der Geburtstagsgäste in Solingen konnte nachvollziehen, warum MONICA und SIEGHARD LIEBE in den Tagen um den 9. Oktober 1989, an dem in ihrer Heimatstadt alles zur Entscheidung drängte, kaum vom Fernseher wichen.

Zurück in Leipzig, mischte sich SIEGHARD LIEBE sofort unter die Montagsdemonstranten, um sie mit ihren, nun immer zahlreicher werdenden Transparenten zu fotografieren. In den damals entstandenen Bildern spiegelt sich zugleich ein Stück weit die individuelle Vorgeschichte des Foto-

---

19) So die Charakterisierung der Losungen des Herbstes 1989 durch Christa Wolf auf der Kundgebung am 4.11.1989 auf dem Ostberliner Alexanderplatz.

grafen selbst wider. Sensibilisiert für diese Art von Zeitzeichen hatten ihn in den Jahren zuvor bereits seine Aufnahmen von den SED-Propagandalosungen. Nun fotografierte er konsequenterweise vor allem deren »Gegenbilder«. Der Bogen seiner neuen Losungsbilder aus dem Herbst 1989 spannt sich von den zaghaft, noch mit Angst hochgehaltenen, kleinformatigen Pappschildern über die großformatigen, meist auf Betttüchern gemalten Stofftransparente bis hin zu den aggressiv geschwungenen deutschen Fahnen, die nach dem Fall der Mauer begannen, die spontanen, kreativen Losungen des Anfangs nach und nach aus den Leipziger Montagsdemos zu verdrängen. Woche für Woche entstanden, machen Sieghard Liebes Fotografien – wie die vieler seiner Leipziger Fotografenkollegen, von GERHARD GÄBLER über RAINER DORNDECK, MATTHIAS HOCH, HARALD KIRSCHNER, JOSEF LIEDKE bis zu UWE FRAUENDORF – einen Weg deutlich, den wir heute als geschichtlichen Prozess zu erkennen vermögen. Vor allem auch dank dieser Aufnahmen. Damals – noch mitten im Umbruch und ohne Ahnung, dass bereits wenige Tage später die Mauer fallen und damit der Weg zur deutschen Einheit sich öffnen würde – waren jene Sprüche und Transparente erst einmal Zeugnisse des Reformwillens in der Bevölkerung. Vor allem aber waren sie eine radikale Absage an die SED-Führung: »Wir brauchen ›die‹ Partei nicht – aber die Partei braucht uns!« stand da bereits Mitte Oktober, zu lesen. Zwei Wochen später – HONECKER samt Politbüro hatte längst abgedankt – wurde von den Leipziger Demonstranten fordernd nachgelegt: »Das war das Hemd, jetzt wollen wir die Hose!« Denn klar war: »Sie haben gestern gelogen. Sie lügen heute und sie werden morgen wieder lügen!«

SIEGHARD LIEBES Gefühle beim Fotografieren waren anfangs durchaus zwiespältig. Würden die Demonstranten ihn nicht für einen Stasi-Spitzel halten, dessen ›Beweisfotos‹ später gegen sie verwandt werden könnten, mit schlimmen Konsequenzen für sie und ihre Familien? Besonders angreifbar machte er sich noch dadurch, dass er wohl der einzige Fotograf war, der bei seinen Aufnahmen von den Demonstrationen ein Stativ verwandte. Wenn sich der Zug nach dem Friedensgebet in der Nikolaikirche gegen 18 Uhr langsam in Bewegung um den Innenstadtring setzte, war es bereits dunkel. Doch für SIEGHARD LIEBE war wichtig, die einmalige Atmosphäre nicht durch den Einsatz des Blitzlichts zu zerstören. Nur so

kam er auch zu einem seiner ausdrucksstärksten Fotos aus dem Herbst 1989. Darauf verkündet ein Transparent: »Wo Geist machtlos ist, ist Macht geistlos!« Dank des Stativeinsatzes und des Verzichts auf Blitzlicht, ist dieses Transparent hinterleuchtet von den Straßenlaternen am Leipziger Ring, die an jenem 13.11.1989 nur mühsam durch den die Stadt damals regelmäßig einhüllenden Smog zu dringen vermochten. Umstellt von einer vielköpfigen Zahl von Demonstranten, bekommt das mit schwarzen Buchstaben beschriebene Betttuch etwas Schwebendes, Ikonenhaftes und wird damit zu einem symbolträchtigen Abbild jener wenigen Wochen des Übergangs, in denen plötzlich wieder alles möglich schien – bevor alles wieder in geordnete Bahnen gelenkt wurde. Diesmal in jene einer bundesdeutschen Verwaltungslogik.

SIEGHARD LIEBE hat aber nicht nur die Losungen jener historischen Tage fotografiert, sondern auch die Menschen, die sie erfunden, gerufen und auf Transparenten um den Ring getragen haben. Als einer der ersten Leipziger Fotografen hat er ihnen ins Gesicht gesehen, den Einzelnen aus der beeindruckenden Masse der Demonstranten damit förmlich herausgelöst und wechselnde Befindlichkeiten zwischen Angst, Wut, Hoffnung und erneutem Zweifel ein bleibendes, menschliches Antlitz gegeben. Durch diese Bilder wurde auch für Außenstehende fassbar, was in jenen Tagen auf den Straßen und Plätzen der DDR durch die und mit den Demonstranten passierte.

Ich habe schon damals den Test auf die Wirksamkeit dieser Bilder selbst machen können. Als Soziologe am Zentralinstitut für Jugendforschung tätig und als Mitautor des »Leipziger Demontagebuches«, das es innerhalb weniger Monate auf 40 000 verkaufte Exemplare gebracht hatte,[20] wurde ich in jenen Tagen häufig zu Tagungen und Vorträgen in die alten Bundesländer eingeladen, um über die gesellschaftlichen Ursachen und den Verlauf dieses eruptiven geschichtlichen Ereignisses in der DDR zu sprechen. Ich habe damals SIEGHARD LIEBE – der in diesem Buch mit zahlreichen Fotos vertreten ist – gebeten, mir Abzüge davon zur Verfügung zu stellen. Mit Klammern an einer Wäscheleine befestigt, lieferten

20) Zu dessen Entstehungs- und Wirkungsgeschichte, vgl. Bernd Lindner: Tagebuch einer Revolution, in Siegfried Lokatis und Ingrid Sonntag (Hg.): 100 Jahre Kiepenheuer Verlage, Berlin 2011, S. 360–370.

sie fortan bei den Vorträgen zwischen Duisburg, Hannover, Karlsruhe und München den visuellen Kommentar zu den verbal vorgetragenen Analysen und Erlebnisberichten. Danach waren die Fotografien stets dicht umringt von ungläubig bis bewundernd staunenden Bundesbürgern. Für viele von ihnen war es die erste direkte, visuelle Begegnung mit diesem historischen Ereignis und dem neuen Geist, der damals durch den Osten Deutschlands wehte.

Dafür sind die Fotos Sieghard Liebes aus dem Herbst 1989 ein unersetzlicher visueller Beleg, wie seine Aufnahmen von der SED-Sichtagitation aus dem Jahrzehnt davor, die dort herrschenden alten Parolen als geschichtliches Zeugnis bewahrt haben. Auch wenn sein umfangreiches fotografisches Oeuvre nicht auf diese beiden Werkgruppen allein zu reduzieren ist, so stellen sie doch – über das Ende der DDR hinaus – einen bleibenden und lebendigen Bestandteil deutscher Fotogeschichte dar. Schon weil Sieghard Liebe nach dem Überführen der friedlichen Revolution in ihre demokratische Phase nicht aufhörte, die veränderten, plakatierten Ansprüche der neuen Zeit weiterhin mit kritisch-ironischem Gespür zu dokumentieren. Die Welle der Wahlkämpfe des Jahres 1990 lieferte ihn reichlich Bildstoff dafür, wie die abschließenden Bilder dieses bemerkenswerten Bandes zeigen.

Leipzig — 16. Oktober 1989

Foto: Uwe Frauendorf

Leipzig — 23. Oktober 1989

Leipzig — 23. Oktober 1989

Leipzig — 23. Oktober 1989

Leipzig — 30. Oktober 1989

Leipzig — 13. November 1989

Foto: Harald Kirschner

Leipzig — 20. November 1989

Leipzig — 6. November 1989

Leipzig — 11. Dezember 1989

Leipzig — 20. November 1989

Leipzig — 11. Dezember 1989

Leipzig — 11. Dezember 1989

Leipzig — Juni 1990

Borna — März 1990

PARTEI UND VOLK
UNTRENNBAR
MITEINANDER
VERBUNDEN !

GLOSSAR

DDR	Deutsche Demokratische Republik
delikat	Staatlicher Einzelhandel für seltene Waren zu überhöhten Preisen
DSU	Deutsche Soziale Union
FDGB	Freier Deutscher Gewerkschaftsbund, Einheitsgewerkschaft
FDJ	Freie Deutsche Jugend, Einheitsjugendverband als »Kampfreserve der SED«
GPG	Gärtnerische Produktionsgenossenschaft
HO	Handelsorganisation, Staatlicher Einzelhandel
HOG	Handelsorganisation Gaststätten
Intershop	Geschäfte in denen seltene Ost-, vor allem aber Westprodukte gegen Valuta verkauft wurden
Kaffee Mix	Mischung aus Bohnen- und Malzkaffee
KPdSU	Kommunistische Partei der Sowjetunion
LPG	Landwirtschaftliche Produktionsgenossenschaft
NARVA	Glühlampenwerk
Nationale Front	Zusammenschluß der politischen Parteien und Massenorganisationen unter Führung der SED
PGH	Produktionsgenossenschaft des Handwerks
SED	Sozialistische Einheitspartei Deutschlands
SDP	Sozialdemokratische Partei, heute SPD
UdSSR	Union der Sozialistischen Sowjetrepubliken
VEB	Volkseigener Betrieb

BIOGRAFIE

Sieghard Liebe

1937 in Dresden geboren
1943 Tod des Vaters im Krieg
1945, 13. 2. mit drei jüngeren Geschwistern Verlust der Wohnung und allen Eigentums beim Bombenangriff
1953 Ablehnung einer Lehrstelle als Optiker, da ausschließlich Mädchenberuf
Lehre und Arbeit als Maschinenschlosser
1956–58 »freiwilliger« Ehrendienst
1961 Studienabschluß als Fotografiker an der Fachschule für angewandte Kunst in Magdeburg
1961–66 Redakteur im Fotokinoverlag Leipzig
1966–2002 Diplomabschluß und Lehre im Direkt- und Fernstudium an der Hochschule für Grafik und Buchkunst Leipzig

Bildbände:
S. Liebe, Motive der Berge, 1972, 1975
S. Liebe, L. Kempe, Sächsische Schweiz, 1974, 1976, 1981
S. + M. Liebe, Die Insel Usedom, 1978, 1981
S. Liebe, W. Knape, Stolberg, 1981, 1983, 1986, 1990
S. Liebe, Gebirgsfotografie, 1981, 1986, 1987
S. + M. Liebe, Vom Isergebirge zur Schneekoppe, 1983, 1987
S. + M. Liebe, Westböhmische Bäder, 1986
S. + M. Liebe, Um Fichtelberg und Klinovec, 1987
S. Liebe + J. u. A. Wiesiegel, Kunsthandwerk in Thüringen, 1989
S. + M. Liebe, Mühlhausen, 1989
S. + M. Liebe, Insel Usedom, 1992, 1996

Eigene Austellungen im In- und Ausland, u. a. The Ansel Adams Gallery, California, USA, 1993

Fernreisen bis 1989 in die Hochgebirge der sozialistischen Länder, vor allem in die UdSSR, aber auch nach Vietnam, Nordkorea, Ägypten, Irak, Kuba, Jugoslawien
Reisen in kapitalistische Länder, oder auch nur mit Zwischenaufenthalt in einem solchen wie zum Beispiel nach Kuba oder Vietnam, waren nur möglich, weil zwei Pfänder, d. h. Kinder, als Garantie für die Rückkehr zu Hause blieben.

Mit der Diagnose Alzheimer bei der Ehefrau im Jahre 2000, die schließlich nach fast zehnjähriger Pflege im Alter von 61 Jahren verstarb, Auseinandersetzung mit der Krankheit unter dem Aspekt des Dokumentarfilms.
2007 Zuerkennung des Ersten Preises für den Videofilm »Du und ich – leben mit frühem Alzheimer« im bundesweiten Wettbewerb »Video der Generationen«, seitdem Einladungen mit dem Film zu Gesprächen mit Pflegenden.

BERND LINDNER, geb. 1952 in Lutherstadt Wittenberg, Kulturhistoriker und -soziologe. Studium der Kultur-wissenschaften/Soziologie und Promotion an der Humboldt-Universität Berlin; Habilitation und seit 2001 apl. Professor an der Universität Karlsruhe/Karlsruher Institut für Technologie. Von 1978–1990 Wissenschaftler am Zentralinstitut für Jugendforschung Leipzig und 1991/92 am Deutschen Jugendinstitut München in der Kultur- und Medienforschung. Seit 1994 wissenschaftlicher Mitarbeiter am Zeitgeschichtlichen Forum Leipzig/ Stiftung Haus der Geschichte der Bundesrepublik Deutschland, dort u.a. für die Fotosammlung zuständig. Autor zahlreicher Publikationen, darunter zur Friedlichen Revolution im Herbst 1989 und zur Fotografie in der DDR. Kurator der Ausstellung »Foto-Anschlag. Vier Generationen ostdeutscher Fotografen« (Leipzig und Bonn: 2001/02).

FRIEDRICH SCHORLEMMER wird am 16. Mai 1944 als Sohn eines Pfarrers in Wittenberge an der Elbe geboren. Er wächst im Pfarrhaus von Werben in der Altmark auf. Als Pazifist verweigert er 1962 den Wehrdienst. Von 1962 bis 1967 studiert er evangelische Theologie in Halle. 1968 ist er Vikar in Halle-West und Studieninspek-tor in einem Studentenwohnheim. Nach seiner Ordination 1970 arbeitet Schorlemmer in den Jahren von 1971 bis 1978 als Jugend- und Studentenpfarrer in Merseburg. Ab 1978 ist Schorlemmer Dozent am Evangelischen Predigerseminar in Wittenberg, sowie Prediger an der dortigen Schloßkirche. 1980 betätigt sich Friedrich Schor-lemmer erstmals aktiv in einer oppositionellen Gruppe und ließ im Jahre 1983 im Lutherhof zu Wittenberg vor Kirchentagsteilnehmern ein Schwert zur Pflugschar umschmieden. Zusammen mit seiner Wittenberger Friedens-gruppe legt Schorlemmer im Jahre 1988 dem Evangelischen Kirchentag »20 Wittenberger Thesen« zur umfas-senden Demokratisierung der DDR vor.
1989 im September, Mitbegründer des Demokratischen Aufbruchs; 4. November, Redner auf der von Berliner Kulturschaffenden organisierten Demonstration auf dem Alexanderplatz; 28. November, Mitunterzeichner des Aufrufs »Für unser Land«, in dem DDR-Bürger zum Bleiben und Mitmachen aufgefordert werden. Auszeich-nung mit der Carl-von-Ossietzky-Medaille der Internationalen Liga für Menschenrechte.
Im Zuge der Hinwendung des Demokratischen Aufbruchs zur CDU, tritt Schorlemmer im Januar 1990 zusam-men mit anderen Anhängern des linken Flügels aus der Partei aus und der Sozialdemokratischen Partei in der DDR (SDP) bei. 1990–1994 ist Schorlemmer SPD-Fraktionsvorsitzender im Wittenberger Stadtparlament. Seit 1992 ist er Studienleiter an der Evangelischen Akademie Wittenberg.

PETER GUTH, geb. am 7.6.1953, Studium der Kulturwissenschaften, Ästhetik und Kunstgeschichte an der Universität Leipzig. Tätigkeit als Kunsthistoriker und Publizist. Lehraufträge u.a. an der Burg Giebichenstein Halle/S., der HGB Leipzig und der Theaterhochschule Leipzig. Promotion 1987 an der TU Dresden, Habili-tation 1995 an der Universität Leipzig. Gestorben am 19.6.2004.

QUELLENVERZEICHNIS

Bildquellen

Uwe Frauendorf: Seite 152

Harald Kirschner: Seite 39, 160

Norbert Vogel: Seite 49, 71

© fotothek-mai.de – Karl Heinz Mai: Seite 145, 146, 147

Textquellen

Text Peter Guth: Entnommen Archiv Bernd Sikora